Jürg Willi & Margaretha Dubach · Die Überwindung des Menschseins

Die Überwindung des Menschseins
nach der Heilmethode von Prof. Pilzbarth

VON
JÜRG WILLI
UND
MARGARETHA DUBACH

HAFFMANS VERLAG ZÜRICH

INHALT

1. Jakob Pilzbarths Botschaft aktueller denn je 7

2. Pilzbarths Hauptwerk:
   *Die Überwindung des Menschseins
   durch Anthropolyse* 9

3. Pionierzeit in Wien – Sigmund Freud als Verräter 17

4. In der Zürcher Bäderklinik Girenbad 25

5. Die Diagnose der phylogenetischen Regressionskompetenz 29

6. Die morpholytische Kur 31

7. C. G. Jungs Malheur 35

8. Glanz und Niedergang von Pilzbarths Wirken 39

9. Der phylogenetische Regressionstest 43

10. Die Anthropolyse:
    Eine Aufklärungsschrift
    von Annamagritta vom Bach 49

1. Jakob Pilzbarths Botschaft aktueller denn je

Zu seinem 150. Geburtstag möchten wir die Öffentlichkeit über einen großen Schweizer orientieren, der völlig in Vergessenheit geraten ist. Sein einmaliges Werk ist uns rein zufällig bei der Räumung des Hauses meiner Großmutter im Zürcher Oberland in die Hände gefallen und hat uns gleich vollkommen in Beschlag genommen. Wohl wußte ich, daß mein Großvater Bäderarzt in Girenbad, einer kleinen Kuranstalt in der verschlafensten Ecke unseres Kantons, war und dort von 1908 bis zu seinem frühen Tode 1930 wirkte. Nie hatte ich aber von meiner Großmutter etwas über die dramatischen Umstände gehört, die seiner Übernahme der Direktion unmittelbar vorangegangen waren. Neben dem Werk *Die Überwindung des Menschseins durch Anthropolyse,* dem Hauptwerk Pilzbarths aus dem Jahre 1900, lagen in einer Schachtel auch Fotos von eigenartigen Wesen, menschenähnlichen Tieren oder tierähnlichen Menschen, deren Bedeutung mir erst durch die Lektüre dieser Schrift klarer wurde. Daneben fanden sich in weiteren Schachteln lose Blätter, Briefe und Notizen, denen ich zunächst keine Beachtung schenkte. Es bedurfte einer mühevollen, aber aufregenden Entdeckungsarbeit, um die zunächst unzusammenhängenden Mosaiksteine zu einem Gesamtbild zusammenzufügen. Wir sehen in der Veröffentlichung von Pilzbarths Werk nicht nur die Rehabilitierung eines zu Unrecht verfemten Forschers. Die Dokumente belegen vielmehr, daß Pilzbarth seiner Zeit weit voraus war und in seinem Bestreben, dem Menschen zu seinem eigentlichen Sein und Werden zu verhelfen, Ergebnisse erzielt hatte, die bis heute unerreicht blieben. Wohl sind derzeit viele Gruppen auf der Suche nach Selbstverwirklichung und Bewußtseinserweiterung, aber nie wieder waren Menschen so nahe an den Übertritt ins posthominide Zeitalter vorgedrungen. Vielleicht ist in der bisherigen Geschichte aber auch noch nie ein erfolgversprechendes Experiment mit solchem Unverstand durch Gesellschaft und Behörden zerstört worden. Die vorliegende Dokumentation möchte am Beispiel Pilzbarths darlegen, wie die wirklich großen Ideen von Zeitgenossen oft verkannt und bekämpft werden, sich aber trotzdem nicht unterdrücken lassen.

2. *Pilzbarths Hauptwerk:*
Die Überwindung des Menschseins durch Anthropolyse

Im Jahre 1900, an der Schwelle des letzten Jahrhunderts einer zweitausendjährigen Geschichte christlicher Erlösungshoffnung, veröffentlichte Pilzbarth das Werk, in welchem er auf über 300 Seiten sein Denken umfassend darstellte. Er befand sich damals nach seiner Vertreibung aus Wien bei seinen Eltern in der Bodenseegemeinde Ermatingen im beruflichen Exil. Es war eine Zeit des Überdenkens und Innehaltens, aber auch des Sammelns neuer Kräfte zu einem fundierteren und reiferen Verwirklichen seiner Aufgabe. Seine Schrift ist nicht immer leicht zu verstehen, so daß wir hier zunächst mit einem zusammenfassenden Überblick zum Einstieg in sein Denken verhelfen möchten.

Pilzbarth war betroffen von Aussagen mancher Dichter und Denker, die den Menschen als einen Unfall in der Entwicklungsgeschichte bezeichnen. Ist doch der Mensch ewig zum Leiden an seiner Mangelhaftigkeit verdammt: Halb dem tierischen, halb dem göttlichen Bereich zugehörig, doch in beiden widerstreitend, ist er zu Höherem berufen und doch seinen körperlichen Defekten und Schwächen ausgeliefert – ein unglückliches, in sich zerrissenes und unharmonisches Wesen. Doch das war nicht immer so und braucht auch nicht so zu bleiben. Auf seinen Reisen zu den Wilden in Afrika konnte sich Pilzbarth überzeugen, daß der Mensch sehr wohl im Einklang mit der Natur, mit sich selbst und seinem Stamm zu leben vermag, so lange er auf primitiver Stufe bleibt. Die Tragik des zivilisierten Menschen ist, daß er sich eine veränderte Umwelt geschaffen hat, die der menschlichen Natur davongelaufen ist, eine Umwelt, an die er sich nicht mehr anzupassen vermag, da seine Seele nicht mehr mitkommt.

Heute wird in der medizinischen Forschung etwa bereits mit der Idee geliebäugelt, gewebeverträgliche Computer zu bauen, die direkt ans Hirn angeschlossen werden können. Da die Nahrungsaufnahme besonders bei Frauen immer mehr zu unüberwindlichen Problemen führt, müßte Energie nicht mehr durch den lästigen und unappetitlichen Kau- und Verdauungstrakt gewonnen werden, sondern könnte direkt durch auf den Kopf aufplantierte, zu Solarzellen umfunktionierte Augennetzhaut absorbiert werden.

Gerade an solchen Projekten wird klar, wie wichtig es heute ist, den viel radikaleren und ganzheitlicheren Ansatz Pilzbarths zur Kenntnis zu nehmen. Eine Fortentwicklung des Menschen kann nämlich nicht gelingen durch bloße technische Nachbesserung einiger instrumenteller Unvollkommenheiten. Das posthominide Wesen muß morphologisch so konstruiert werden, daß sein Körperbau mit seinen geistigen Kapazitäten wieder Schritt halten kann. Zwar ist es vorläufig noch ein Schöpfergeheimnis, welche Entwicklungsstufe auf den Homo sapiens folgen wird. Sicher befindet sich die Medizin aber auf einem Irrweg, wenn sie glaubt, die körperlichen und seelischen Defekte reparieren oder ersetzen zu können, ohne sich grundsätzlich mit der Fehlkonstruktion des heutigen Menschen auseinanderzusetzen.

Die Menschheit muß sich mit vereinten Kräften um den Zugang zur nächsten Entwicklungsstufe bemühen. Seit Darwin wissen wir, daß der Mensch sich nicht grundlegend von anderen Tieren unterscheidet, sondern aus der gemeinsamen Stammesgeschichte aller Lebewesen hervorgegangen ist. Der Mensch ist Träger der Baupläne der ganzen Schöpfungsgeschichte und kann in der Entwicklung nur weiterkommen, wenn es ihm gelingt, diese Pläne bewußt nachzuvollziehen. Das sollte dem Menschen möglich sein, durchschreitet er doch in seiner embryonalen Entwicklung seine Stammesgeschichte im Zeitraffertempo. Dabei bildet er etwa Kiemen als Atmungsorgane seiner im Wasser lebenden Vorfahren, deren Vollentwicklung er dann wiederum aufgibt, weil er als Mensch für diese keine Verwendung findet. Eine ähnliche Wiederholung der Stammesgeschichte findet sich im psychischen Bereich. Die seelische Entwicklung beginnt bereits im Uterus, wo der Föt im Fruchtwasser schwimmt und dabei das Stadium der Fische erlebt. Nach der Geburt erwirbt er sich die Erfahrungen eines kriechenden und vierbeinigen Lebewesens.

Will der Mensch ins posthominide Stadium fortschreiten, so muß er zuerst den menschlichen Hochmut ablegen und die Demut aufbringen, seine tierische Grundstruktur anzuerkennen. Er muß sich bewußt öffnen der Gefräßigkeit des Wolfes, der Dummheit des Esels, der Geilheit des Bockes und der Unflätigkeit des Schweines. Wenn man bedenkt, wie riesig der evolutionäre Abstand vom Stein zur Pflanze ist – von unbelebter zu belebter Natur –, so ist im Vergleich der Abstand zwischen Wurm und Mensch geradezu lächerlich klein. Die Überheblichkeit des Menschen zeigt sich bereits in der Sprache, wenn er Lebewesen, die unseren vollen Respekt verdienen, als Schädlinge oder Ungeziefer bezeichnet. Ohne die damit verbundene Artendiskriminierung zu beachten, glaubt er, das selbstverständliche Recht zu haben, sie zu vernichten.

Pilzbarth war überzeugt, daß erst durch das Aufdecken der verborgenen Prinzipien der Evolutionsgeschichte dem Menschen der Übertritt ins posthominide Stadium gelingen könnte. Durch ein Zurückschreiten in alle Stadien der Stammesgeschichte zurück bis zu den Ursprüngen des Lebens und anschließendem Anlaufnehmen durch die Stufen der Einzeller, Würmer, Fische, Reptilien, Vögel und Säugetiere zu den niederen und höheren Affen könnte dem Menschen der Sprung ins posthominide Stadium gelingen.

Nun wird natürlich vorschnell der Einwand angeführt, eine morphologische

Veränderung des erwachsenen Menschen in phylogenetisch einfachere Stufen sei nicht möglich. Wissen wir das so sicher? Wurde das je ernsthaft versucht? So fragte sich Pilzbarth. Wenn wir bedenken, daß in den Mythen und Sagen sich die tiefsten menschlichen Erfahrungen niederschlagen, so sollten uns die vielfachen Berichte über Menschen zu denken geben, die in Tiere verwandelt wurden. Und wie kamen diese Verwandlungen zustande? Oft waren die Ursachen göttliche Strafen für Lästerungen oder andere Untaten, wie in den Flugblättern aus dem 17. und 18. Jahrhundert berichtet.

Aus Pilzbarths Sammlung von Affenmißgeburten, Menschen mit Hasenohren, Widderhörnern, Wolfsfellen und anderem mehr sei hier nur der in ein Schwein verwandelte polnische Edelmann von 1701 aufgeführt, der zu Zeiten einer überreichen Getreideernte grausam wider Gott gelästert hat, lieber werde er sein Getreide den Schweinen geben als wohlfeil den bedürftigen Leuten. Zur Strafe dafür wurde er in ein Schwein verwandelt, behielt aber sein Angesicht, damit ihn jedermann erkennen konnte. (Abb. 1)

Man schrieb die Verwandlung von Menschen in Tiere auch Hexen oder Zauberern zu, die deswegen verfolgt und mit dem Tode bestraft wurden. Im 19. Jahrhundert, in welchem Pilzbarth geboren wurde, herrschte ein rationaler Zeitgeist vor. Die Menschen beschäftigten sich mit allerhand Tiermenschen, Kuriositäten und Anomalien, welche die Fantasie beflügelten. Es wurde vermutet, es handle sich dabei um die fehlenden Zwischenglieder zwischen Tier und Mensch. Die Erklärung für ihr Entstehen wurde nicht mehr magisch gedeutet, sondern mit Schockerlebnissen begründet, welche Mütter während der Schwangerschaft erfahren hatten. So berichtete Lionel der Löwenmensch, daß seine Mutter während der Schwangerschaft in Rußland Augenzeugin war, wie der Vater von einem Löwen in Stücke gerissen wurde. 1886 erschien im hochangese-

Abb. 1
Der in ein Schwein
verwandelte
polnische Edelmann

Abb. 2
Ein Mann mit Wolfspelz, kahlem Kopf und Widderhorn über der Stirn. Er lebte um 1630 in Les Mézières in Frankreich (aus Pilzbarths Sammlung)

henen ›The British Medical Journal‹ eine ausführliche Beschreibung mit Fotografien von John Merrick, *the Elephant Man,* dessen elefantenartige Haut- und Knochenveränderungen zwar als Papillomatosen und Exostosen diagnostiziert wurden, ohne daß jedoch eine Erklärung für das Ausmaß dieser elefantenartigen Veränderungen gegeben werden konnte. Diese wurde dann von Merricks Mutter beigebracht, nämlich daß sie kurz vor der Geburt von einem Elefanten im Zirkus niedergeschlagen worden war.

Für Pilzbarth enthielten all diese Berichte den übereinstimmenden Hinweis, daß starke geistige Kräfte offensichtlich in der Lage sind, beim Menschen morphologische Veränderungen zu tierischen Stadien zu bewirken. Die Frage war nur, wie können die psychischen Kräfte so intensiv gebündelt werden, daß dieser Wandel absichtlich herbeigeführt werden kann. Oder gibt es vielleicht Menschen, die für diesen Wandel eine besondere Bereitschaft und Ansprechbarkeit aufweisen? (Abb. 2)

Pilzbarth zeigte ein besonderes Interesse für alle Menschen mit angeborenen Mißbildungen, denen er einen besonderen Zugang zu den tief in uns schlummernden phylogenetischen Bauplänen zumaß. Denken wir dabei etwa an Besonderheiten, deren Bezeichnung bereits die nahe Verwandtschaft zu bestimmten Tieren aufweist wie Hasenscharten, Wolfsrachen oder fischschuppenartigen Hautveränderungen, Ichthyosis genannt. Pilzbarth entwickelte die Theorie, daß Menschen für jene Stadien der Evolution eine besondere Offenheit aufweisen, die sie in ihrer Stammesgeschichte nicht ausreichend gelebt, die sie zu vermeiden oder zu überspringen versucht haben. Jene Stadien jedoch, die voll verwirklicht worden waren, versanken offensichtlich in das tiefe Vergessen des Unbewußten und blieben nur schwer einer bewußten Erforschung zugänglich.

3. Pionierzeit in Wien – Sigmund Freud als Verräter

Jakob Pilzbarth wurde 1844 in Ermatingen am Bodensee als Sohn eines Fischers geboren. Er war ein begabter Schüler und verbrachte während des Medizinstudiums einige Jahre in Wien, wo er dem dortigen Physiologen Brücke so positiv auffiel, daß er ihm nach Abschluß des Studiums eine Stelle anbot. Schon als Student war Pilzbarth fasziniert von der Zurschaustellung menschlicher Abnormitäten in Veltées Stadtpanoptikum und in den Schaubuden des Praters. Viel von sich reden machten insbesondere die Tiermenschen, so etwa Jo-Jo der Pudelmensch, Cuckoo das Vogelmädchen, Erika das Mädchen mit den Mooshaaren, aber auch die Elefanten-, Fisch- und Schlangenmenschen, oder die Froschknaben, Tigergrazien oder Bärenweiber, die als Launen der Natur bestaunt werden konnten. Pilzbarth sah in diesen Wesen aber nicht das Monströse, sondern die Möglichkeit des Menschen, seine stammesgeschichtliche Isolation gegenüber Tieren und Pflanzen zu durchbrechen. Diese Schauobjekte waren für ihn Menschen, die von der Möglichkeit, in frühere Stadien der Evolution zurückzukehren, zumindest teilweise Gebrauch gemacht hatten und somit den Beweis abgaben, daß diese Möglichkeit den Menschen grundsätzlich offensteht. Pilzbarth war in seiner Forschungstätigkeit bei Professor Brücke sehr angesehen und bei den Mitarbeitern und Studenten beliebt. Brücke interessierte sich für die Stammesgeschichte der Arten, sah aber deren Vielfalt nicht in verborgenen Plänen zugrundegelegt, sondern ausschließlich durch die Wirkung physikalischer Energien begründet. (Abb. 3) Pilzbarth experimentierte in seinem Labor mit der elektrophysiologischen Beeinflussung des Wachstums von Hühnerembryonen. Seine eigentlichen Forschungsinteressen gingen jedoch weit über diese Thematik hinaus und ließen sich nicht in den Rahmenbedingungen eines staatlichen Institutes verfolgen. Im geheimen hatte er sich mit einer ihm zugetanen Gruppe junger Kollegen der Frage zugewandt, wie der Einfluß geistiger Kräfte auf den Bau und die Funktion des menschlichen Körpers gesteigert werden könnte. Die Gruppe

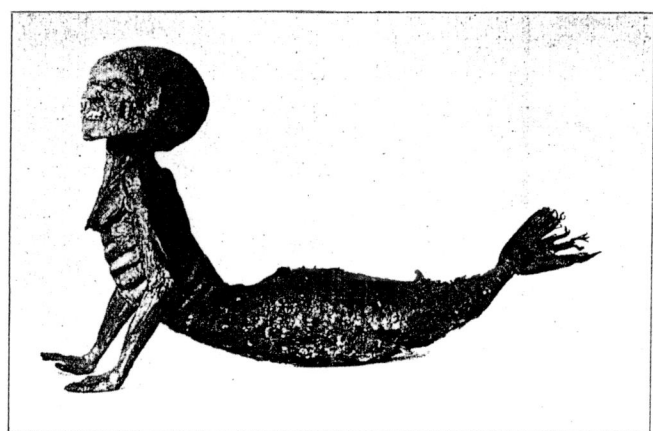

Abb. 3
Meerweibchen
(aus Pilzbarths
Sammlung)

experimentierte mit verschiedenen chemischen, physikalischen und hypnotischen Methoden. Ein erster Erfolg lag vor, als es einem der Mitarbeiter gelang, unter regelmäßigen Alkoholinhalationen seine Nase zu veranlassen, um vier Zentimeter zu wachsen, so daß er mit diesem rüsselartigen Fortsatz eine ausgewachsene Rübe vom Tisch aufgreifen konnte. Bald darauf setzte bei einem anderen unter regelmäßiger tiefer Hypnose ein Längenwachstum der Ohren um sieben Zentimeter ein, so daß es ihm nach eifrigem Trainieren gelang, seine Löffelohren zum Takt eines Metronoms in Wackelbewegungen zu versetzen. Diese ersten Erfolge lösten einen wahren Forscherrausch aus. Wenn auch die betroffenen Familienangehörigen die Ergebnisse dieser Experimente kaum voll zu würdigen verstanden, so schmälerten sie den Stolz der Forscher nicht, die mit ihren Veränderungen die grundsätzliche Effizienz ihrer Methoden belegen konnten. Weitere Forschungserfolge folgten nun Schlag auf Schlag. Gemäß der stammesgeschichtlichen Erfahrung, daß Verhalten die Morphologie bestimmt und nicht die Morphologie das Verhalten, konnte einer der Pioniere seine Füße zu Greiforganen umgestalten und eine Verlängerung seiner Zehen erreichen, indem er sich im Park täglich über Stunden von Baum zu Baum schwang und sich dabei ganz in das Leben eines Affen versetzte. Ein anderer brachte es durch tägliche Einnahme von sieben Widderhoden zu würzigem Bocksgeruch, langer, zottiger Körperbehaarung und zu Ansätzen einer Hornbildung über beiden Schläfen. So arbeitete der Kreis der zwölf jungen Forscher mit ihrem Meister in aller Stille. Die Jünger waren Pilzbarth blind ergeben und bereit, für ihn zu tun, was immer er ihnen abforderte.

Zu diesem Kreis gehörte damals auch Sigmund Freud, der ebenfalls bei Brücke arbeitete. Freud hatte für den zwölf Jahre älteren Pilzbarth eine große Verehrung und war von seinen Forschungsideen in hohem Maße fasziniert. Während aber die anderen Jünger bereits bleibende Veränderungen ihrer menschlichen Morphologie erarbeitet hatten und untereinander wetteiferten, wer es dabei am weitesten bringe, stand Freud abseits. Er leistete zwar wertvolle Beiträge, indem er die Ängste und inneren Widerstände studierte, mit denen seine Kameraden die Fortschritte der Morpholyse selbst behinderten. Freud war aber schließlich der einzige, der sich selbst zu keinem Experiment zur Verfügung gestellt hatte. Allmählich reagierten die Kameraden ungehalten und begannen, Druck auf Freud auszuüben.

Zu dieser Zeit stand das erste Großexperiment bevor. Unter der Leitung Pilzbarths hatte die Gruppe beschlossen, ihre psychischen Kräfte ganz auf die

Rückführung eines ihrer Mitglieder zur Affenstufe zu konzentrieren. Während eines halben Jahres sollten sie gemeinsam ihre psychische Imagination ganz auf die erstmalige vollumfängliche Regression eines Menschen in eine prähominide Stufe der Stammesgeschichte ausrichten. Ein jeder hoffte für dieses Großexperiment ausgelesen zu werden, um damit in die Menschheitsgeschichte einzugehen. Das Los fiel auf Sigmund Freud. Während die anderen Jünger neidvoll schwiegen, wurde Freud, statt stolz aufzujubeln, von Panik ergriffen. Atemlos stammelte er: »Ich muß zuerst Martha fragen, sie muß damit einverstanden sein.« Und als ein Kopfschütteln durch die Runde ging, daß er einen so epochalen Entscheid von seiner Frau abhängig machen wollte, fuhr er fort: »Und überhaupt, solange mir Pilzbarth in diesem Experiment nicht vorangegangen ist, lasse ich nichts an mir verändern!« Diese geschmacklose Bemerkung löste in der Gemeinschaft peinliche Betroffenheit aus, zeigte sich doch darin die Anmaßung, sich mit Pilzbarth auf eine Stufe zu stellen. Wenn Pilzbarth sich nicht selbst für dieses Experiment zur Verfügung gestellt hatte, geschah dies selbstverständlich nicht aus Feigheit, sondern weil ihm die Verantwortung zukam, aus einer gewissen Distanz den Überblick über das Geschehen zu bewahren. Nachdem Freud sich trotz wiederholtem Zuspruch weigerte, auf das Experiment einzugehen, sah sich Pilzbarth gezwungen, ihn in einer feierlichen Versammlung aus dem Kreis seiner Jünger auszuschließen. Es wurde Freud der Eid abgenommen, über die Forschungstätigkeit dieses Geheimbundes lebenslänglich Stillschweigen zu bewahren. Freud gab daraufhin 1882 auch seine physiologischen Forschungen auf und wandte sich der ärztlichen Praxis zu.

Nach dem schmerzlichen Verlust Sigmund Freuds scharte Pilzbarth seine verunsicherten Jünger um sich und sprach: »Mein Leben ist der Überwindung des Menschseins verschrieben. Für diese werde ich leben und sterben. Jeder von

Euch ist frei, dasselbe zu tun oder nicht. Ich verlange nur eines von Euch: Ein jeder muß sich jetzt für oder gegen mich entscheiden! Jeder muß wissen, ob er sein Leben der Schaffung eines neuen Menschen schenken will oder ob er sich diesem Auftrag entzieht, sobald es ans Lebendige geht. Ich kann es nicht mehr weiterhin dulden, jemanden in die Geheimnisse unserer Forschung einzuweihen, der sich gleich wieder absetzt, sobald ein echtes Engagement verlangt wird. Und so fordere ich heute jeden auf, mit einem Eid zu beschwören: Seid Ihr zum Glauben bereit, daß dem Wachstum des Menschen keine Grenzen gesetzt sind?« Die ganze Jüngerschar schrie wie aus einer Kehle: »Wir sind bereit!« Pilzbarth mit erhöhter Zuversicht: »Seid Ihr für den Auftrag bereit, die Evolution des Menschen voranzutreiben?« »Wir sind bereit!« schrien die Jünger noch lauter. Pilzbarth, die Steigerung zurückhaltend: »Seid Ihr bereit, Euer Leben in den Dienst unserer Forschung zu stellen?« Des uneingeschränkten Beifalls sicher, folgten seine weiteren Fragen:
»Seid Ihr bereit, das Menschsein hinter Euch zu lassen?«
»Seid Ihr zum bedingungslosen Kampf zur Erreichung unserer Ziele bereit?«
»Seid Ihr bereit, mir Euer Leben zu schenken?«
Hingerissen in Ekstase schrien sie alle: »Wir sind bereit, wir sind bereit, wir sind bereit!«

Pilzbarth fuhr fort: »So nehme ich Euren Treueschwur entgegen und schwöre Euch meinerseits, alles in meinen Kräften Stehende einzusetzen, um die Evolution des Menschen voranzutreiben. Der Eid, der uns verbindet, sei mit unserem Blut besiegelt, denn er wird unser aller Blut fordern.«

Von da an war die Gemeinschaft ein verschworener Bund. Pilzbarth wachte über seine Jünger in strenger Zurückhaltung. Wohl war ihrem Forschungseifer ein gewisser Erfolg beschieden. Dennoch wurde Pilzbarth zunehmend ungeduldig, weil der wirkliche Durchbruch doch nicht im erwarteten Maße gelang und die erreichten morphologischen Veränderungen immer nur einzelne Körperteile umfaßten. Um über die erreichten Ergebnisse hinauszukommen und in die totale Anthropolyse vorzustoßen, bedurfte es offensichtlich eines letzten Einsatzes auf Gedeih und Verderben. So sehr er seine Jünger liebte, er durfte nicht aus falschem Mitleid davor zurückschrecken, ihnen das Äußerste abzufordern. Das gesteckte Ziel ließ sich nur durch restlose Konzentration aller körperlichen und geistigen Kräfte erreichen. Immer wieder mußte er bei seinen Experimenten ärgerlich feststellen, daß seine Jünger vor markanten morphologischen Veränderungen zurückschreckten aus Rücksicht auf ihre Attraktivität in der Damenwelt. In verhaltenem Zorn sprach Pilzbarth deshalb zum versammelten Kreise: »Meine Söhne, ich habe Euch hierher gerufen, um Euch mitzuteilen, daß ich mich zum Abbruch unserer Experimente gezwungen sehe. Wohl anerkenne ich Euer bisheriges Bemühen, aber um das gesetzte Ziel zu erreichen, braucht es die totale Hingabe, zu der Eure Bereitschaft offensichtlich nicht ausreicht. Man muß wissen, ob man Forscher oder Lebemann sein will, ob man sich ohne Rücksicht auf Verluste in den Dienst der Anthropolyse stellen, oder ob man lieber den Weibern nachjagen will. Beides ist nicht möglich. Eure Hingabe und Konzentrationskraft ist für die Anthropolyse zu schwach, und so vertun wir unsere Zeit mit sinnloser Trödelei.« Der Kreis der Jünger war erschlagen. Endlich faßte sich einer und sagte: »Aber Meister, was sollen wir tun?« Wie sie ihn bedrängten und bestürmten, antwortete er nach langem Zögern: »Laßt uns in gutem Einvernehmen auseinandergehen, solange unsere Enttäuschung nicht allzu groß ist. Um das Menschsein ganz loszulassen und das Denken total zu reinigen, müßte ein Maß an seelischem und körperlichem Einsatz gefordert werden, den noch nie eine Forschergruppe geleistet hat und den Euch zuzumuten ich nicht über mich bringe.« Einer aus dem Kreise rief: »Meister, meinst du die Reinigung des Geistes durch Entmannung?« Pilzbarth sagte leise: »Du sagst es.« Ein anderer rief: »Ja, wenn's nur das ist, ich bin sofort dazu bereit!« Alle blickten sich im Kreise an und plötzlich hellten sich die betrübten Gesichter auf und alle schrien freuderfüllt: »Wir lassen uns entmannen!« Und so geschah es dann auch – mit Ausnahme von Pilzbarth natürlich, wegen der Wahrung des Überblicks.

Diese Tat wurde bekannt durch die Geliebte eines Jüngers, die diesen Schritt bedauerte. Es kam zum großen, öffentlichen Skandal. Pilzbarth mußte bei Nacht und Nebel aus Wien fliehen und fand Unterschlupf in seinem Elternhaus am Bodensee. Durch den Kastrationsskandal waren Pilzbarth und seine Jünger erstmals ins Licht der Öffentlichkeit getreten. Die Gazetten berichteten mit lüsternem Entsetzen über diese Forschergruppe, und die Gerüchteküche trug das Ihrige bei, um die verrücktesten Geschichten von ritualisierter Phallusverehrung, Samenkommunion und Blutsbrüderschaft zu kolportieren. Neben jenen, die Pilzbarth mit Hohn und Spott verfolgten, gab es aber auch solche, die von Pilzbarths Engagement ergriffen waren. Über ein Jahr hielt sich Pilzbarth still im Unterschlupf bei seinen Eltern und arbeitete an seiner Schrift *Die Überwindung des Menschseins durch Anthropolyse*. Als es um ihn herum ruhig geworden war, meldete er sich für den freigewordenen Posten des Badearztes der Kuranstalt Girenbad.

Sigmund Freud, der seinen Ausschluß aus der Forschergruppe noch nicht verarbeitet hatte und einsam darunter litt, fühlte sich erstmals erleichtert, so ungeschoren davongekommen zu sein. Das Thema der Kastration sollte ihn aber fortan nicht mehr zur Ruhe kommen lassen, und erst viele Jahre nach Pilzbarths Ende wagte er, sich mit seinem geistigen Vater in seiner Abhandlung über Massenpsychologie auseinanderzusetzen. Sie handelt vom Urvater, der die Horde seiner Söhne entmannt, um sich von ihnen verehren zu lassen und sie zur totalen Identifikation mit seinen Zielen zu bringen. Diese Arbeit löste weiterum Kopfschütteln aus, denn niemand wußte von den wahren Beweggründen Freuds zur Niederschrift dieser Theorie. Doch Freud kam innerlich Zeit seines Lebens nicht von Pilzbarth los, obwohl er in seinen Schriften nie direkt auf ihn Bezug nahm. Besonders aufschlußreich ist, was Freud kurz vor seinem Tod, in der letzten Arbeit seines Lebens, *Der Mann Moses*, schreibt. Er zeigt dort auf, daß das psychische Leben des Individuums nicht nur selbsterlebte Inhalte, sondern auch Stücke von phylogenetischer Herkunft, eine archaische Erbschaft aufweise. Deren Bedeutung wird am Ende der Arbeit aber plötzlich wieder negiert, ohne Begründung. Nur wer um Freuds Begegnung mit Pilzbarth weiß, kann verstehen, weshalb die Auseinandersetzung mit dem stammesgeschichtlichen Erbe Freud am Ende seines Lebens nochmals eingeholt hat. Die Biographen Freuds haben sich bisher darüber keine Gedanken gemacht.

4. In der Zürcher Bäderklinik Girenbad

Während seines Ermatinger Exils wurde Pilzbarth von einer Frau, Annamagritta vom Bach, aufgesucht, einer kultivierten Adligen, die in einem Schlößchen ganz in der Nähe ein sorgloses Leben führte. Sie hatte seine Schrift *Die Überwindung des Menschseins durch Anthropolyse* gelesen. Sie wies eine große künstlerische Begabung auf und arbeitete mit Pilzbarth gemeinsam eine populärwissenschaftliche Informationsbroschüre über die Anthropolyse aus. Die lebensnahen Bildtafeln sprachen die Leute sehr an, vor allem auch weil sie offen und ehrlich auf die begrenzten Erfolge und die Probleme und Schwierigkeiten der Anthropolyse hinwiesen. Wie durch ein Wunder blieb uns ein Exemplar erhalten, das wir im Schlußteil dieses Buches abdrucken. Die Broschüre fand damals reißenden Absatz und bewirkte, daß die Kuranstalt schon kurz nach der Übernahme durch Pilzbarth dem Ansturm von Neugierigen kaum standhalten konnte. Gaffer umlagerten die Badehäuser und versteckten sich im Park, um den anthropolytisch bereits Fortgeschrittenen beim Frühturnen oder in der Rekreation zusehen zu können. Doch Pilzbarth erstrebte nicht den Erfolg beim großen Publikum. Um sich der Zudringlichkeit der Leute zu erwehren, zog er sich in den Ostflügel des Hauses zurück, in Gemächer, zu denen Unbefugte keinen Zutritt hatten. Zu Recht vermutete Pilzbarth, daß diese Leute nur die Sensation suchten, aber kaum die Bereitschaft aufbrachten, sich wirklich der Sache hinzugeben. Der Empfang der Gäste wurde von einigen seiner Getreuen aus der Wiener Zeit übernommen, die den Besuchern Ziel und Weg der Anthropolyse erklärten und auf die harten Bedingungen hinwiesen, die jeden erwarteten, der sich an vorderster Front an der Erschaffung des posthominiden Wesens beteiligen wollte. Wer ein ernsthaftes

Interesse an Anthropolyse anmeldete, mußte sich einem strengen Aufnahmeverfahren unterziehen, bei dem drei Proben zu bestehen waren. Zuerst wurde man für drei Tage auf eine Weide gesperrt, durfte nur auf allen vieren gehen und hatte sich von Gras und Kräutern zu ernähren, ohne die Hände, die in Säcke eingebunden waren, zu Hilfe zu nehmen. Die zweite Prüfung hatte mehr meditativen Charakter. Man mußte sich nackt in einen Sarg legen, der mit brauner Erde voller Regenwürmer aufgefüllt wurde. Die dritte Probe galt allgemein als die schwierigste. Man wurde nach eigener Wahl mit einer Gruppe von Tieren aus Pilzbarths Zoo in einen Käfig eingeschlossen und bekam die Auflage, sich so zu verhalten, daß zumindest eines der Tiere auf einen erotisch ansprach. Von dieser Prüfung waren viele Kandidaten und insbesondere Kandidatinnen überfordert. Jene, die die Proben bestanden, durchliefen dabei jedoch einen tiefen Sinneswandel. Sie wurden sich des unberechtigten menschlichen Stolzes bewußt. Wohl lieben wir die Tiere, aber immer im Bewußtsein, selbst etwas Besonderes und Besseres zu sein. Diese Proben jedoch forderten den Kandidaten die Bereitschaft ab, allen menschlichen Hochmut abzulegen und sich dem Urgrund aller Kreatur zu öffnen. Je höher die Anforderungen dieser Proben gestellt wurden, desto größer wurde der Andrang von Kandidaten.

Wer diese Prüfungen bestanden hatte, wurde zum Kandidaten zweiter Klasse befördert und durfte sich auf die erste Begegnung mit Pilzbarth vorbereiten. Pilzbarth empfing den Kandidaten in seinem Ordinationszimmer. Man mußte sich ihm direkt gegenüber setzen und ihm in die Augen blicken. Pilzbarth sprach während ca. zehn Minuten kein Wort. Schweigend bohrte sich sein Blick in die Augen, es war, wie wenn Pilzbarth durch einen hindurchblicken könnte. Dieser Blick, der zuerst Furcht und Beklemmung auslöste, durchströmte den Kandidaten bald mit einem nie zuvor erfahrenen Gefühl von Liebe. Es war, wie wenn das

Eigenbewußtsein von ihm abfiele, wie wenn er in einen Schwebezustand jenseits von Zeit und Raum abhöbe, jenseits aller menschlicher Einschränkungen, Sorgen und kleinlicher Nöte. War Pilzbarths Blick zunächst schwer auszuhalten, so fühlte sich der Kandidat nun plötzlich vom eigenen Ich befreit und von Pilzbarth getragen. Nach langem Schweigen sagte Pilzbarth einen ganz persönlichen Leitspruch, den der Kandidat zum Eingehen der Anthropolyse meditieren sollte. Ein Schullehrer bekam das Wort: »Wer den Kopf hoch trägt, muß sich tiefer bücken, um die Schnecke zu küssen.« Ein Professor hatte zu meditieren über: »Der Geist weht im Winde, aber der Kot bildet die Erde, die uns nährt.« Einer Dame aus bester Familie stellte er die Frage: »Spinnst du?« Etwas verunsichert verneinte sie. Pilzbarth schickte sie fort mit den Worten: »Versuche zu spinnen wie die Spinne, und wenn du es kannst, kehr wieder zurück.«

Die Leute ließen sich nicht abschrecken durch Pilzbarths gelegentliche Grobheiten, sondern sie wollten im Gegenteil beweisen, daß sie zum Letzten bereit waren. Diese fast süchtige Gier nach Pilzbarths Führung hatte sich nicht nur unter den Ungebildeten breitgemacht, nein, Bankleute, Friseure und Professorenfrauen stellten die bevorzugte Klientel des großen Meisters dar. Sie fanden bei Pilzbarth jene geistige Nahrung, die sie bisher vermißt hatten. Sie fühlten sich von seinem Gedankenflug mitgerissen, auch wenn sie ihn nicht voll verstehen konnten und er keine Diskussion zuließ. Schließlich war ja nicht denkbar, daß eine so große Zahl gebildeter Persönlichkeiten sich seiner Forschung auf Gedeih und Verderben hätte verschreiben können, wenn nicht wirklich etwas völlig Neues und historisch Bedeutsames dabei passieren würde. Alle waren sie überzeugt, zu den ersten zu gehören, die über die Schwelle eines neuen Zeitalters treten. Dabei wurden ihnen die Augen geöffnet für die Kümmerlichkeit ihres Daseins und für die Notwendigkeit, ein neues Leben als posthominide Wesen zu suchen. Wer sich einmal aus den

Fesseln menschlicher Normen befreien konnte, lernte, daß nur er entscheiden kann, welche Kreatur seinem Entwicklungsstand entspricht. Was kann der Mensch über die Gesetze des Lebens wissen, solange er sich der Lebenserfahrung als Tier verschließt?

Wenn auch Pilzbarth sich den Blicken der Öffentlichkeit zu entziehen trachtete, so verbreitete sich seine Lehre dank dem großen Eifer der Metamorphyten dennoch rasch. Sie veranstalteten Umzüge, in welchen sie mit Stolz bereits erzielte morphologische Teilregressionen demonstrierten. Sicher wiesen nicht alle das Vollbild der anvisierten Tiergestalt auf, sicher waren einige der morphologischen Veränderungen noch dysharmonisch, dennoch überzeugten sie die Öffentlichkeit von der Echtheit der bereits erreichten geistigen und körperlichen Verwandlungen. Es konnte kein Zweifel bestehen, Pilzbarth war drauf und dran, das große Ziel der Erschaffung eines posthominiden Wesens zu erreichen. Da waren die vorläufigen Unvollkommenheiten kein Anlaß zur Beunruhigung.

5. Die Diagnose der phylogenetischen Regressionskompetenz

Die Zeit des beruflichen Exils im Elternhaus und des Abstands von der alltäglichen und kräftekonsumierenden Tätigkeit in Wien gaben Pilzbarth die Gelegenheit, das bisher Erreichte zu sichten, das Fehlgelaufene zu überdenken und die Ziele seiner Forschung genauer zu formulieren. Ernüchtert durch die begrenzten Erfolge der Anthropolyse, bemühte Pilzbarth sich um ein systematischeres Vorgehen. Als erstes mußten die diagnostischen Verfahren verfeinert werden, um die phylogenetische Regressionskompetenz der Kandidaten, aber auch ihre Abwehr der Anthropolyse genauer zu erfassen. Die Ängste und inneren Widerstände waren den Kandidaten oft gar nicht bewußt. Man mußte hinter die Mauern ihrer Wahrnehmung, in die tiefen Schichten der Seele vordringen. Dazu benützte Pilzbarth das Psychogalvanometer, welches auf der Beobachtung beruhte, daß Reaktionen von Ekel, Peinlichkeit, Scham und Angst die elektrische Leitfähigkeit der Haut verändern. Pilzbarth entdeckte nun, daß, wenn er den Kandidaten Namen von Tieren vorsprach und diese aufforderte, sogleich das ihnen als erstes einfallende Wort auszusprechen, es bei gewissen Tieren zu einer deutlichen Verzögerung der Reaktionsgeschwindigkeit kam, verbunden mit psychogalvanisch veränderten Reaktionen. Pilzbarth arbeitete diesen Test zum phylogenetischen Assoziationsexperiment aus und vermochte sich damit viel direkter auf die Schwachpunkte und Widerstände der Kandidaten zu zentrieren. Es war nun nicht mehr das Ziel, die Kandidaten durch alle Stadien der Phylogenese regredieren zu lassen, was außerordentlich zeit- und kräfteaufwendig war. Die Frage lautete jetzt präziser: Wo bestehen bei einem Kandidaten Lücken in seiner stammesgeschichtlichen Verwirklichung? Wo ist er neurotisch geworden, weil er gewisse Stadien der Entwicklung übersprungen und nicht voll gelebt hat? Hat er das Stadium des Fisches vermieden, fehlt ihm die Grundgeborgenheit; ein mangelhaftes Reptiliendasein führt zu sexuellen Hemmungen; unzureichendes Leben als Eule hinterläßt einen blockierten Zugang zu den Schattenseiten des Lebens. Die Anthropolyse nahm sich nun die Lücken der Entwicklung vor und konzentrierte sich auf jene Stadien, die nachgeholt und nachgelebt werden mußten. Diese Lücken sind wie die Lecks in einer Druckkammer, durch welche der Dampf unentwegt entweicht. Sie behindern einen Menschen, sein Evolutionspotential so anzureichern, daß durch den Druck der Sprung ins posthominide Stadium erzwungen wird.

Eine vereinfachte Form des Testverfahrens wird als phylogenetischer Regressionstest auf Seite 43 eingehender dargestellt.

6. Die morpholytische Kur

Die eigentliche Anthropolyse konnte nur beginnen, wer die drei Vorprüfungen erfolgreich bestanden hatte und für welchen Pilzbarth mittels seines Testverfahrens ein klares Regressionsziel ausgemacht hatte. Die Postulanten waren für die Zeit der Morpholyse vollkommen von der Außenwelt abgeschirmt. Sie durften nur mit den Wärtern sprechen und weder Briefe schreiben noch empfangen. Die anthropolytische Kur bestand in einer Vorbehandlung und einer Hauptbehandlung. In der Vorbehandlung wurden die geistigen und physischen Energien auf das Regressionsziel zentriert. Die Kandidaten mußten sich zuerst innerlich mit dem angestrebten Tier vertraut machen. Dazu verhalfen ihnen Übungen mit lebenden oder ausgestopften Exemplaren. Um die sinnliche Eigenerfahrung zu intensivieren, zogen sich die Kandidaten Tierhäute an, setzten sich Tierköpfe auf und ahmten Tierbewegungen und Tierlaute nach. Unterbrochen wurden diese Übungen durch Verstandeslockerungen mittels Purzelbaum, Überschlag oder Hechtsprung. Alles war darauf angelegt, den Menschendünkel in sich auszurotten. Die Übungen blieben nicht bloße Einbildungen, sondern konnten bereits metabolische Prozesse im Gehirn in Gang setzen und sekundäre morphologische Veränderungen des Gesichts und des ganzen Habitus in die Wege leiten.

Nach monatelanger Vorbehandlung erfolgte die Hauptbehandlung durch Professor Pilzbarth selbst. Was sich in dieser alles ereignete, wurde nie genauer bekannt, da die Kandidaten sich in einem Zustand von Dauerhypnose befanden, nach welcher die Erinnerung über das Geschehene wie ausgelöscht war. Die Kandidaten hielten sich in einem Sondertrakt der Kuranstalt auf, waren in Einzelzellen isoliert, deren Wände bemalt waren mit Landschaften, die dem

Biotop des anvisierten Tierstadiums entsprachen, also etwa die freie Wildbahn, der Meeresgrund oder ein Kuhstall. Als Schlafstätte diente beispielsweise eine Höhle, ein vom Boden abgehobenes Krähennest oder ein Strohlager. Pilzbarth hatte eine spezielle Behandlungstechnik aus einer Kombination von elektrischer Faradisation und Tiefenhypnose entwickelt. Die Kandidaten mußten sich nur leicht mit Hemd und Beinkleidern bedeckt auf einen Hocker setzen. Die bloßen Füße wurden auf eine große plattenförmige Kathode in einer mit lauwarmen Wasser gefüllten Schüssel gestellt. Die Anode wurde von der angefeuchteten Hand Pilzbarths gebildet, der die Elektrode mit der anderen Hand hielt und den Strom durch den eigenen Körper hindurchgehen ließ. Mit der Technik der faradischen Hand berührte Pilzbarth sukzessive alle Körperteile, bei welchen ein spezifisches Umwachsen anvisiert wurde. Gleichzeitig versetzte er den Kandidaten in Trance. Die von Pilzbarth aufgewandte äußerste Konzentration zehrte an seinen Kräften und erschöpfte ihn stark, so daß er für das fortgeschrittene Stadium der Behandlung eher den faradischen Pinsel benützte, um den Strom nicht dauernd durch sich selbst fließen lassen zu müssen. Unter den zu der Elektrobehandlung gesprochenen Suggestionen setzten bei den Kandidaten die ersten Verformungen ein, vor allem an Nase und Ohren, gefolgt von Veränderungen der Körperbehaarung sowie der Hände und Füße. Über Details des Behandlungsprozesses und dessen Wirkungen drang kaum etwas nach außen. Die Kandidaten erwachten am Ende einer Séance ohne genaue Erinnerungen, wie aus einem tiefen, traumlosen Schlaf. Wir wissen, daß Pilzbarth mit Anthropolyse grundsätzlich jede morphologische Veränderung erzielen konnte, wenn der Kandidat sie nicht selbst durch Widerstand behinderte. Konnte eine vollkommene Angleichung an das anvisierte Tierstadium nicht erreicht werden, sprach Pilzbarth den Kandidaten ins Gewissen und warf ihnen mit derben

Worten vor, sich noch nicht völlig von ihrem Ego verabschiedet zu haben. Wie weit Pilzbarth mit seinen Metamorphyten tatsächlich ins posthominide Stadium vorzudringen vermochte, ist bis heute ungeklärt. Das Wissen darum trug Pilzbarth als sein Geheimnis mit ins Grab.

7. C. G. Jungs Malheur

Pilzbarths Werk *Die Überwindung des Menschseins durch Anthropolyse* hatte gleich nach seinem Erscheinen im Jahre 1900 das besondere Interesse von C. G. Jung gefunden, der damals eben seine Assistenzarzttätigkeit an der Kantonalen Irrenanstalt Burghölzli in Zürich begonnen hatte. Es entwickelte sich ein reger wissenschaftlicher Austausch. Jung durfte Pilzbarth auf seiner ersten Forschungsreise nach Kenya begleiten. (Abb. 4) Sie arbeiteten gemeinsam das phylogenetische Regressionsexperiment aus. Im Unterschied zu Siegmund Freud fühlte sich Jung unbefriedigt, weil ihm die Eigenerfahrung in der Anthropolyse fehlte und somit die Grundlage für eine kreative Forschungstätigkeit. Besorgt um seinen Ruf als Oberarzt am Burghölzli wollte er den Kontakt zu Pilzbarth geheimhalten. Nachdem er sich überzeugen konnte, daß die Experimente in einem von Gaffern durch eine dichte Hecke abgeschirmten, großen Innenhof durchgeführt wurden, begab er sich in seinen Ferien nur mit Wissen seiner Frau nach Girenbad und meldete sich zur ersten Probe. Er wurde für drei Tage auf eine Weide gesperrt, mußte auf allen vieren gehen und sich, die Hände in Säcke eingebunden, von Gras und Kräutern ernähren. Um die Identifikation mit einem Stier zu verstärken, wurden ihm zusätzlich zwei Hörner auf den Kopf gebunden. C. G. Jung verlor bald seine anfänglichen Bedenken und versenkte sich ganz in das Seelenleben eines Stiers. Nachts hatte er lebhafte Träume von verführerischen Kühen und war selbst überrascht, wie nahe die Traumbilder des Viehs denjenigen des Menschen standen. Nun geschah aber ein Malheur. Einige Assistenzärzte des Burghölzli nutzten an einem Sonntag die Gelegenheit zu einer Ballonfahrt. Sonntag morgens stiegen sie in der Allmend Brunau bei Zürich auf. Ein grelles

Sonnenlicht ließ das Alpenpanorama in wunderbarsten Farben erstrahlen. Doch schon bald setzte ein heftiger Wind ein, große Wolkenschiffe wurden herangeschoben, und der Ballon trieb mit rasanter Geschwindigkeit gegen Nordosten. Der Wind schwoll zum Sturm an, und der Kapitän sah sich genötigt, die Notleine zu ziehen. Das Gas entwich, und der Ballon fiel mit erheblicher Geschwindigkeit zu Boden, wo er hart aufschlug. Als sich die drei Assistenten aus dem Korb befreit hatten und sich zu orientieren begannen, fanden sie sich in einem Geviert vor, das in eigenartiger Weise durch riesige Hecken umschlossen war. Höchst eigenartige Wesen trieben sich da herum. Halbwegs sahen sie aus wie Menschen, einige saßen auf Bäumen, andere lugten aus Höhlen hervor, wieder andere rannten mit Flügelbewegungen im Kreise herum. Nicht wissend, daß es sich um die Kuranstalt Girenbad handelte, kamen die Assistenten aus dem Staunen nicht heraus. Ganz in der Nähe krabbelte einer auf allen vieren herum mit Kuhhörnern auf dem Kopf und fraß frische Kräuter unter dem Hag hervor. Doch als sie genauer hinblickten, traf sie fast der Schlag. Das durfte nicht wahr sein. »Aber was machen denn Sie da?« rief einer. »Aber wie soll ich das verstehen, das ist ja Dr. Jung, unser verehrter Oberarzt.« Wegen ihrer Ballonfahrerkostüme hatte Jung die Assistenten zunächst nicht erkannt und ihnen auch sonst keine Beachtung geschenkt. Es entstand eine Situation äußerster Peinlichkeit. Jung rannte auf allen vieren davon und blieb mit abgewandtem Kopf in einer Ecke stehen. Die Assistenten machten sich schleunigst davon. Jung brach die Übung ab und kehrte, ohne sich zu verabschieden, nach Hause zurück. Er wandte sich dann an Sigmund Freud, der ihn in seinem Abfall von Pilzbarth bestärkte, ohne ihm über seine eigenen anthropolytischen Erfahrungen zu berichten. In Dankbarkeit für den väterlichen Rat schloß sich Jung dann Sigmund Freud an, obwohl er geistig Pilzbarth zeitlebens näher blieb. Jung hatte mit Pilzbarth das Assoziationsexperi-

Abb. 4
Pilzbarth und seine Getreuen auf einer Forschungsreise in Kenya 1903
(links außen C.G. Jung)

ment mit den psychophysischen Untersuchungen am Galvanometer entwickelt und wandte das Experiment nun zur Ausarbeitung der psychischen Komplexe an, ohne Pilzbarth auch nur mit einem Wort zu erwähnen. Pilzbarths Einfluß zeigte sich bei Jung besonders in der Archetypenlehre. Diese gründet auf der Entdeckung des kollektiven Unbewußten, dem allen Menschen gemeinsamen psychischen Erbe, das sich angereichert hat in einer sich über Millionen von Jahren erstreckenden tierischen und menschlichen Stammesgeschichte. Die Flucht zu Freud brachte Jung auch keinen Segen. Wenige Jahre später überwarf er sich mit diesem, zuinnerst blieb er aber wider Willen seinem großen Lehrer Pilzbarth treu.

8. Glanz und Niedergang von Pilzbarths Wirken

Pilzbarth hatte eine fast magische Anziehungskraft auf die obere Bildungsschicht, insbesondere auf die sonst so nüchterne Zürcher Bevölkerung. In den literarischen Salons, an den Teevisiten und am Stammtisch war Pilzbarths Wirken das dominierende Gesprächsthema. Bald jeder kannte jemanden, der bruchstückhaft über eigene Erfahrungen in der Kur im Sanatorium zu berichten wußte. Auch wenn gegen Ende der Kur manche Kandidaten wieder in das menschliche Stadium zurückkehrten, blieben doch Veränderungen der Gesichtszüge, welche das Durchgemachte bezeugten, unverkennbar. Wieder zu Hause erzählten die Kandidaten von einem vollkommenen inneren Wandel, den niemand nachvollziehen könne, der die Kur nicht selbst erfahren habe. Viele machten Andeutungen von einer posthominiden Kernerfahrung, die sie jedoch als innerstes Geheimnis für sich behielten und niemandem zu eröffnen vermochten. Die Freude und Faszination über Pilzbarths Wirken wurde nicht allgemein geteilt. Viele Menschen ärgerten sich über die hysterische Schwärmerei der zurückgekehrten Kandidaten. Diese begegneten den Zurückgebliebenen mit nachsichtiger Überheblichkeit und fanden sich Daheim meist nicht mehr in den bürgerlichen Pflichten zurecht. Sie überließen die Alltagssorgen den anderen, ohne es zu verschmähen, sich von ihnen bestens aushalten zu lassen. Ärgernis erregten aber auch die öffentlichen Versammlungen der Metamorphyten, an denen sie Flugblätter verteilten und für die Anthropolyse warben und sich dabei mit ihren Veränderungen produzierten. Böse Zungen behaupteten, es sei bei den morphologischen Veränderungen mit Moulagen und Attrappen nachgeholfen worden. Mit Sicherheit konnte das nie nachgewiesen werden.

Zum öffentlichen Skandal kam es aber aus anderen Gründen. Immer häufiger wurden Fälle bekannt, wo Kandidaten sich in der Regression auf prähominide Stadien so wohl fühlten, daß sie sich weigerten, in das menschliche Stadium zurückzukehren. Manche schienen überhaupt das eigentliche Ziel, das Menschsein zu überspringen, aus den Augen verloren zu haben und sich vollends dem Leben als Tier hinzugeben. Handelte es sich zunächst um Einzelfälle, die sich meist unter dem geduldigem Zuspruch des Meisters dann doch wieder zum Menschsein überreden ließen, so setzte bald eine Art Epidemie ein, in welcher sich immer mehr Kandidaten trotzig jedem Lockruf Pilzbarths verweigerten und selig lächelnd auf der Stufe des Seehundes, der Kröte oder des Schweines verharrten. Dem konnte nicht untätig zugesehen werden. Wo sollte das hinführen, wenn jeder auf das Menschsein verzichten wollte? Wer sollte da arbeiten, Geld verdienen, Kinder ernähren? Bereits bahnte sich in der Zürcher Bevölkerung eine Art Panik an, man könnte am Ende zu den zuletzt verbliebenen Menschen gehören. Nachdem verschiedentlich Klagen gegen diese menschliche Absetzbewegung bei den Behörden eingegangen waren, wurde von Amtes wegen eine Untersuchung eingeleitet. Pilzbarth verweigerte der Polizei zunächst den Zutritt zur Kuranstalt unter Verweis auf die ärztliche Diskretion. Doch als mit Gewalt gedroht wurde, mußte er nachgeben. Die Behörden trafen in der Klinik siebzehn tierartige Wesen an, die allesamt aber noch eine gewisse Ähnlichkeit mit ihrem zivilen Aussehen bewahrt hatten. Sie konnten deshalb auch ohne besondere Schwierigkeiten namentlich identifiziert werden. Unter anderem handelte es sich um Dr. Alfred Weber im Stadium des Nilpferdes, angetroffen in einer Badewanne, sich jeder Weisung durch bedächtiges Schütteln des Kopfes verweigernd. Ferner Yvette Großmann, angetroffen im Stadium einer Fledermaus, mit Kopf nach unten an der Decke hängend, nicht ansprechbar. Dann

Markus Wettstein, angetroffen im Stadium eines Marabus, mit Scheitelglatze und langem Schnabel, auf einem Bein stehend, augenscheinlich die Untersuchungsbeamten auslachend. Die siebzehn Fälle wurden in einen Wagen verladen und dem Untersuchungsrichter vorgeführt. Dieser veranlaßte umgehend die Verhaftung Pilzbarths und seiner Mitarbeiter. Die Kuranstalt wurde geschlossen, die Insassen in die Familien oder in Irrenanstalten überführt. Über die Presse wurde eine absolute Zensur verfügt, alle Schriften Pilzbarths vernichtet und deren Vertrieb unter strenge Strafe gestellt. Auch die vielen begeisterten Dankesschreiben von Metamorphyten konnten Pilzbarth nicht helfen. Er wurde vom Gericht der mangelnden ärztlichen Sorgfaltspflicht, der Ausnützung der Abhängigkeit von Schutzbefohlenen und der Verbreitung staatsgefährdender Schriften für schuldig befunden. Pilzbarth starb nach drei Jahren Gefängnis an Gram und Verbitterung. Sein Tod wurde der Öffentlichkeit nicht zur Kenntnis gebracht, in den Zeitungen erschien kein Nachruf.

So zeigt das Schicksal Pilzbarths, was sich in der Weltgeschichte immerzu wiederholt. Das Genie wird verkannt, weil es seiner Zeit voraus ist. Vielleicht ist es das Los der wirklichen Pioniere, daß sie für ihre Ideen sterben müssen, um sie zu verbreiten. Doch der Lauf der Geschichte läßt sich nicht aufhalten. Sind Menschen einmal im Bann einer Idee, können sie sich davon nicht lösen, auch wenn sie sich von der Person, die ihnen die Augen geöffnet hat, distanzieren oder diese sogar bekämpfen. Die Psychoanalyse Freuds wäre ohne die Anthropolyse Pilzbarths nicht entstanden, genau so wenig wie die Archetypenlehre C. G. Jungs. Ohne sich dessen bewußt zu sein, stehen die modernen Bewegungen der Bewußtseinserweiterung und Esoterik in den Fußstapfen Pilzbarths. Sie sind im geistigen Überwinden des Menschseins bereits recht weit gekommen, ohne jedoch die menschliche Gestalt mitzuverändern. Ihre Bemühungen tragen nichts zur wirklichen Harmonie und Zufriedenheit der Menschen bei, so lange es nicht gelingt, die von Pilzbarth propagierte ganzheitliche psychophysische Entwicklung in Gang zu setzen. Hier müßten denn auch die jetzt ziellos herumwerkelnden Gentechniker ansetzen, deren Forschungen ohne Pilzbarths grundlegenden Ansatz zum Verderben der Menschen beitragen werden. Pilzbarths Geist – immer bekämpft, doch nie überwunden – wirkt bis in die neueste Zeit weiter, doch die Menschen sind sich dessen nicht bewußt!

9. Der phylogenetische Regressionstest

Mit dem phylogenetischen Regressionstest konnte Professor Pilzbarth herausfinden, zu welcher tierischen Lebensform sich jemand besonders hingezogen fühlt und welcher sich jemand verschließt. Die auf den Testkarten abgebildeten Damen und Herren haben bestimmte Stufen tierischer Lebensart besonders intensiv gelebt, eine Erfahrung, die sich in ihren Gesichtszügen abzeichnet. Die Testperson wird nun je nach persönlicher Einstellung gegenüber einigen der abgebildeten Damen und Herren eine besondere Sympathie oder eine besondere Antipathie empfinden. Daran läßt sich erfassen, wo die Testperson über eine besondere Regressionskompetenz für eine bestimmte Tierart verfügt, bzw. wo sie Lücken in der persönlichen Stammesgeschichte aufweist, weil sie gewisse Stufen zu überspringen oder zu vermeiden trachtete. Um die Chance für den Wandel zum posthominiden Wesen zu erhöhen, muß man einerseits die Lücken in der persönlichen Stammesgeschichte aufarbeiten und gleichzeitig die speziellen Kompetenzen für bestimmte tierische Lebensweisen ausnützen. Es wird den Lesern und Leserinnen hier die Möglichkeit geboten, die Kurzform dieses Testverfahrens selbst durchzuführen und auszuwerten. Sie werden danach wissen, welche tierischen Erfahrungen sich in Ihrem Charakter besonders niedergeschlagen haben und welche tierischen Lebenserfahrungen Sie nachholen müssen, wenn sie den Sprung in das posthominide Zeitalter schaffen wollen.

Liebe Leserin, lieber Leser, testen Sie sich selbst:
Für welche Tierart weisen Sie besondere Eignungen auf? Welcher tierischen Lebensform neigen Sie sich zu verschließen?

Testbilder für weibliche Kandidaten

Wer ist Ihnen am sympathischsten?

Testbilder für männliche Kandidaten

Wer ist Ihnen am sympathischsten?

Beantworten Sie folgende Fragen: Mein Geschlecht ist weiblich ☐
                                                      männlich ☐

Sind Sie eine Frau, so betrachten Sie die acht weiblichen Testbilder und tragen Ihre Antwort ein: Am sympathischsten ist mir   Nr. ☐ 1–8
                       Am wenigsten sympathisch ist mir   Nr. ☐ 1–8

Sind Sie ein Mann, so betrachten Sie die acht männlichen Testbilder und tragen Ihre Antwort ein: Am sympathischsten ist mir   Nr. ☐ 9–16
                       Am wenigsten sympathisch ist mir   Nr. ☐ 9–16

Nun können Sie Ihr Testergebnis mit Hilfe der untenstehenden Anweisungen selbst auswerten.

Testauswertung:
Am sympathischsten ist mir Nr. ☐
Diese Nummer entspricht dem Tier (siehe Auswertungstafel). Die Ihnen besonders sympathische Person auf der Testtafel hat den Anteil dieses Tieres in ihrer Stammesgeschichte sehr intensiv gelebt, genau so wie Sie. Deshalb weisen Sie zum Leben in dieser tierischen Form eine besondere Begabung auf. Wir gratulieren Ihnen dazu. Aus der untenstehenden Auswertungstafel können Sie ersehen, auf welche Charaktereigenschaften sich Ihre Verwandtschaft mit dieser Tiergattung begründet.

Am wenigsten sympatisch ist mir Nr. ☐
Diese Nummer entspricht dem Tier (siehe Auswertungstafel). Die Ihnen wenig sympathische Person hat in ihrer phylogenetischen Vorgeschichte den Anteil

dieses Tieres mit besonderer Intensität gelebt, während Sie diese phylogenetische Stufe möglichst zu vermeiden trachteten. Es wäre wichtig zu klären, weshalb Sie einen solchen Widerstand gegen das Leben in dieser tierischen Form haben und inwiefern dieser Widerstand Sie in Ihrer Weiterentwicklung persönlich behindert. Wir gratulieren Ihnen zum Mut, sich mit dieser für Sie entscheidenden Frage zu konfrontieren. Aus der untenstehenden Auswertungstafel können Sie ersehen, welche Charaktereigenschaften in Ihnen unterentwickelt blieben, indem Sie den Vollzug dieser tierischen Stufe vermieden.

Auswertungstafel zum phylogenetischen Regressionstest:
Besondere Erfahrung im Leben eines der untenstehenden Tiere ist mit der Entwicklung folgender Eigenschaften verbunden:

1 **Frosch** ein großer Sänger, lustig, gesellig, angeberisch

2 **Eule** lebenserfahren, weise, zurückhaltend, eher mißtrauisch

3 **Hecht** schnell, zupackend, kommt gleich zur Sache, einzelgängerisch

4 **Affe** schlau, läßt sich nicht in die Karten blicken, legt andere gerne aufs Kreuz

5 **Schaf** naiv, gutgläubig, aufopferungsvoll, anhänglich bis abhängig

6 **Kuh** häuslich, gutmütig, kocht und ißt gerne, steht mit allen vieren auf der Erde

7 **Perlhuhn** hat Freude an allem Guten und Schönen, meidet das Böse, ist fromm und rein

8 **Henne** Schart gerne möglichst viele Kücken um sich, setzt sich für andere ein, verliert in Aufregung rasch den Kopf

9 **Seelöwe** traditionsverbunden, liebt vornehme Geselligkeit, gutmütig

10 **Riesenschnauzer** altväterisch, häuslich, treu, leicht zu haben, darf aber nicht gereizt werden

11 **Eichhörnchen** fröhlich, putzig, unternehmungslustig, Spielernatur, manchmal etwas oberflächlich

12 **Pavian** rechthaberisch, patriarchalisch, familienbezogen, duldet keinen Widerspruch

13 **Wiesel** sensibel, aufmerksam, etwas verträumt und schüchtern, flieht und versteckt sich lieber als zu kämpfen

14 **Ziegenbock** reizbar, herrisch, stürzt sich in den Kampf, bevor er sich überlegt hat, wozu

15 **Marabu** weise, philosophisch, still und tiefgründig, von feiner Wesensart

16 **Stier** vital, manchmal brutal, liebt laute Geselligkeit und deftige Sprüche

10. *Die Anthropolyse*

EINE AUFKLÄRUNGSSCHRIFT
VON
ANNAMAGRITTA VOM BACH

a) Die Vorbereitungsphase der Anthropolyse

Sie dient dazu, die Kandidaten innerlich auf das Zurückfallen auf ungelebte Tierstufen vorzubereiten. Dazu ist es notwendig, die Verhaftung im Menschsein zu lockern, die Verstandeskräfte durcheinanderzuschütteln und sie zentriert auf das Leben als Tier neu auszukristallisieren.

Morgenritt auf Bubu, dem Nilpferd. Die Kandidaten haben während einiger Tage Gelegenheit, sich im unmittelbaren Hautkontakt mit der Kreatur in die Anthropolyse einzustimmen.

*Bockspringen am Stachelpferd bringt Ablenkung
und lockert den Verstand.*

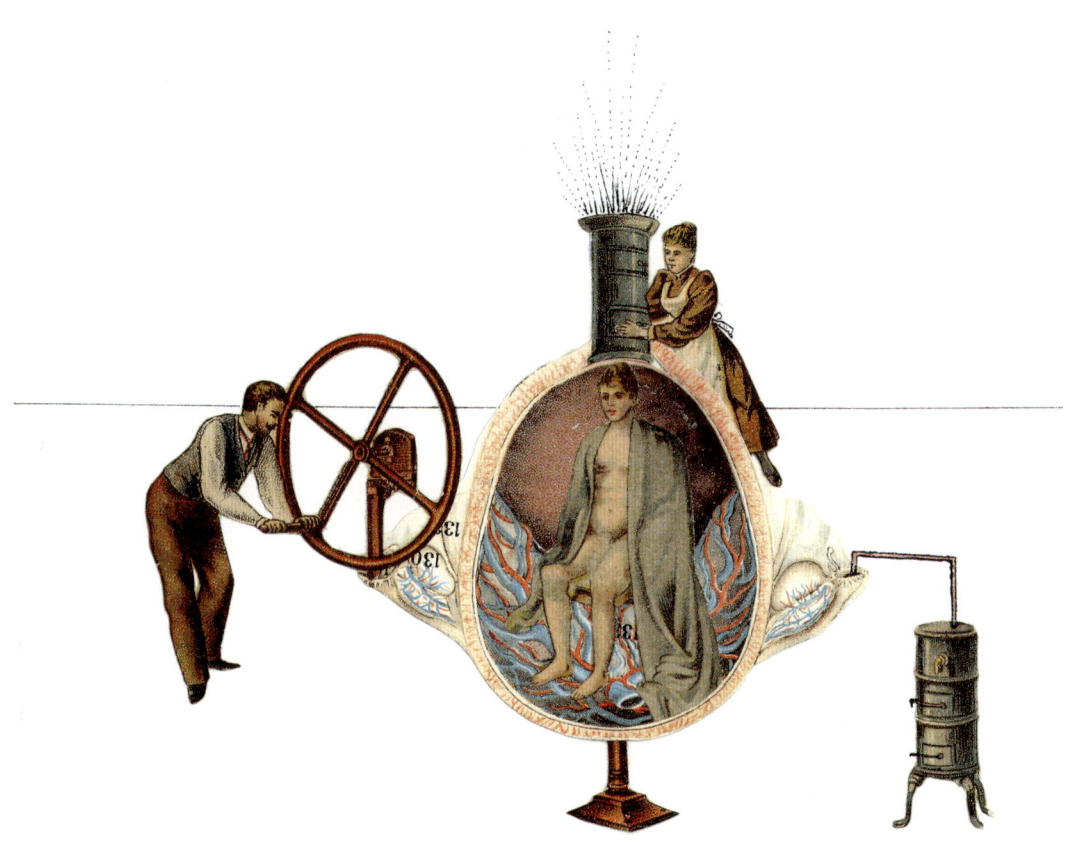

Dieser noch etwas unreife Jungmann hat das Trauma der Geburt noch nicht vollends überwunden. Im Hysterodrom wird die Fixierung an die Mutter vorsichtig gelöst.

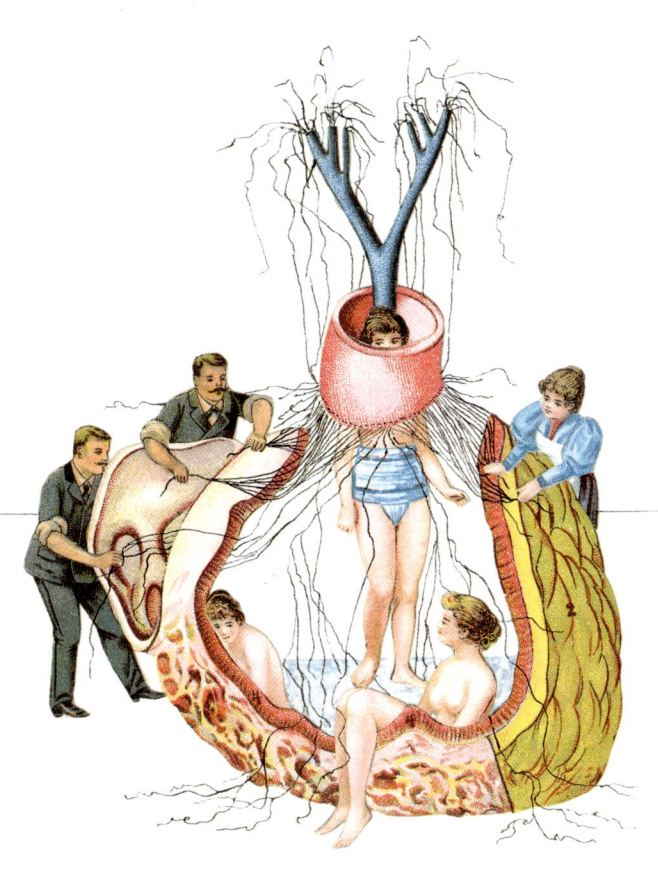

In der Herzkammer: Drei Debütantinnen machen sich mit den Tiefen des Herzens vertraut.

*Versenkung in die Weite und Tiefe der Atmung.
Hier Übungen mit Elefantenlungen.*

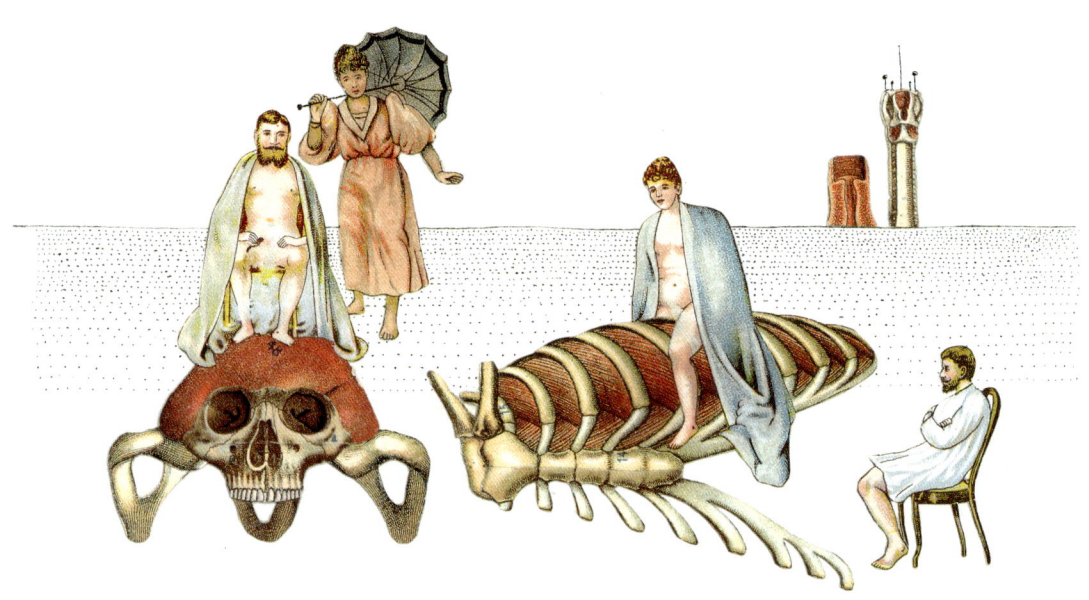

Im Todesgärtchen werden ängstliche Kandidaten unter Aufsicht einer geschulten Kinderschwester ihres bisherigen Daseins entwöhnt. Reiterspiele auf Todesattrappen sind dazu geeignet, Widerstände gegen die Anthropolyse zu beseitigen.

Selbsterfahrungsgruppe beim Vögeln.

b) Behandlungsphase

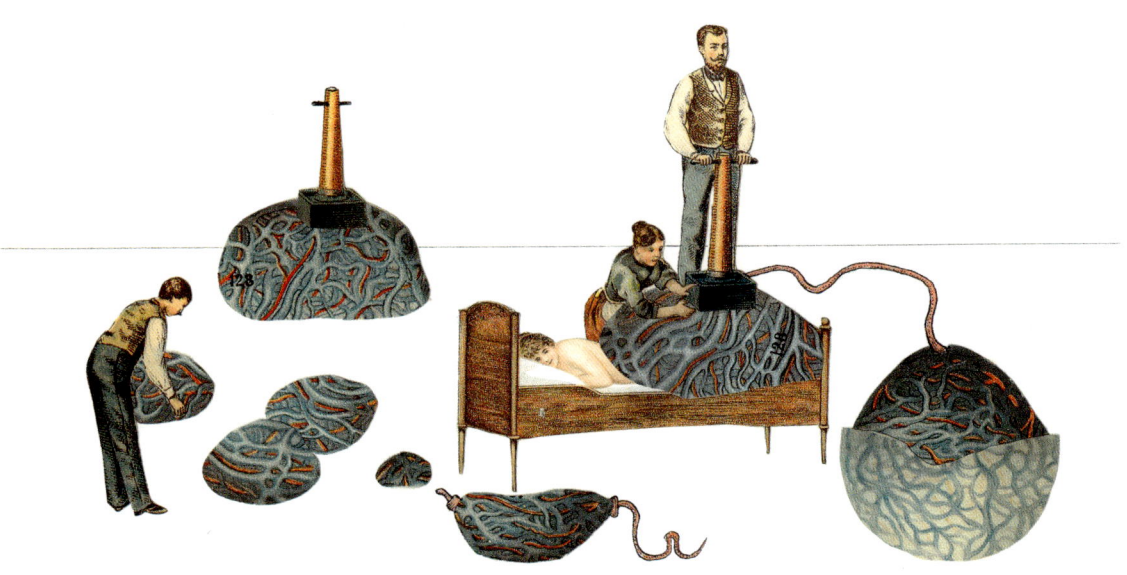

Die eigentliche Behandlung steht unter der Leitung von Professor Pilzbarth und zielt auf eine psychophysische Metamorphose. In tiefer Hypnose werden die im Menschen schlummernden phylogenetischen Baupläne reaktiviert. Durch vielfältige chemische und elektrophysiologische Reizungen werden die inneren Wachstumssäfte des Menschen konzentriert. Die Dame hat sich zur Regression auf Elefantenstufe entschlossen. Hier werden ihr die Plazentarsäfte von Elefanten perkutan infiltriert.

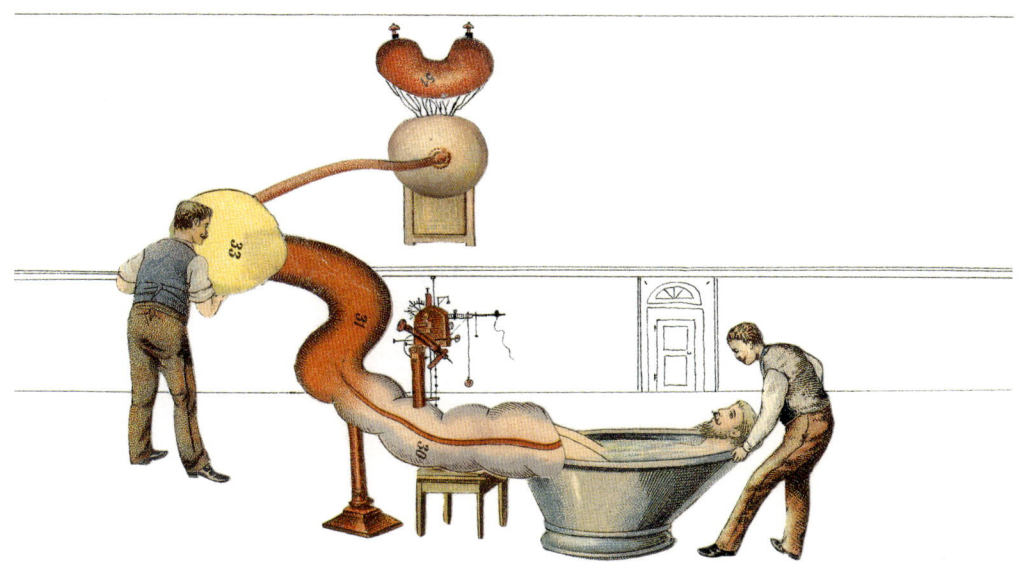

*Am Vorabend der Hauptbehandlung wird der Kandidat
von den letzten menschlichen Resten entschlackt.*

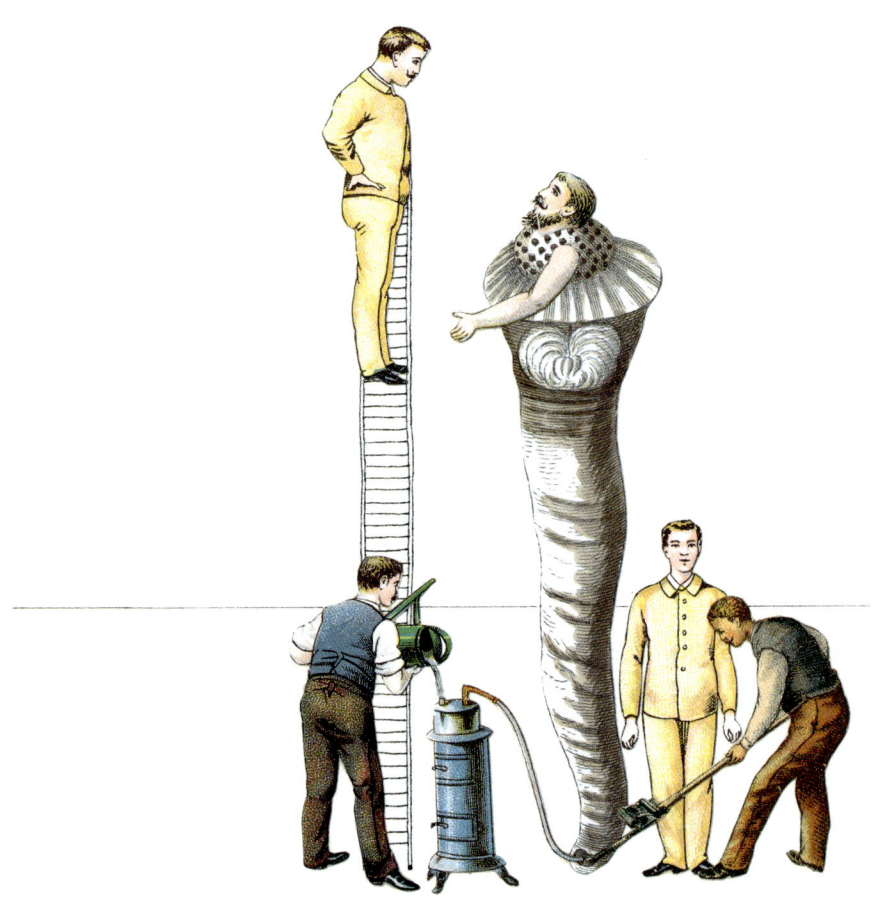

Einleitung der Hauptbehandlung. Der Kandidat wird vom Assistenten in Tiefenhypnose versetzt. Unter dem Leitspruch »Menschsein ganz gleichgültig, stirb und werde!« versinkt der Kandidat in Trance.

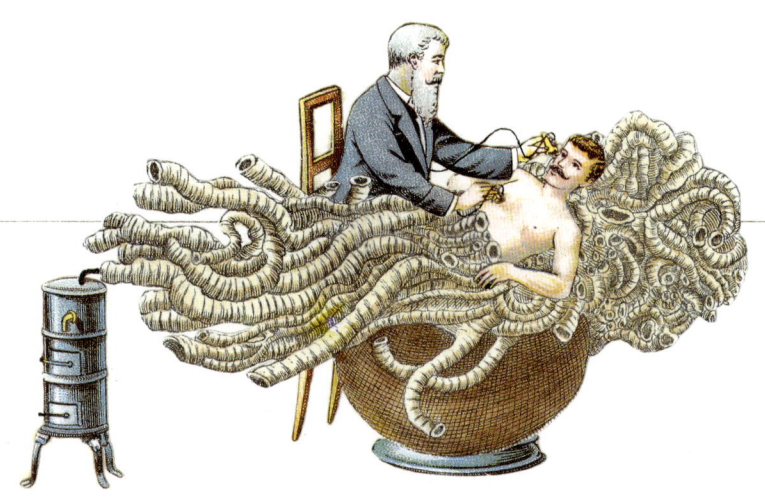

Pilzbarth bei der Arbeit am Patienten.
Dem Kandidaten fiel es zu, sich auf die Stufe des Schlauchpilzes zu transformieren. Unter der jahrelangen geduldigen Bemühung von Professor Pilzbarth waren dem Kandidaten erhebliche Fortschritte gelungen. Letzte Hautreste werden von Professor Pilzbarth elektrophysiologisch bearbeitet. Es gilt, Metamorphin, das wichtige Entwicklungselement, an diesen Stellen anzureichern.

Tägliche Morgentoilette: Babette von Hülsenhoff nach der Verwandlung zum Maulwurf. Liebevoll wird sie von den Wärtern gereinigt.

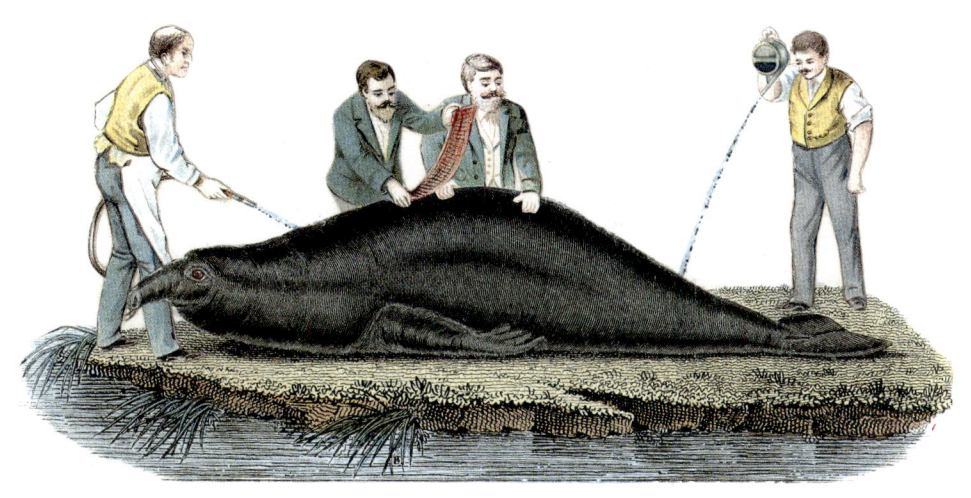

Nicht verschwiegen werden soll, daß es in der Kur auch schwierige Situationen gibt. Dieser Bankdirektor hat sich auf der Stufe des Walrosses verwirklicht und weigert sich nun hartnäckig, diese wieder zu verlassen.
Er wird aber für nächste Woche zur Sitzung des Verwaltungsrates erwartet. »Da ist guter Rat teuer!« bemerken die Gehilfen, bis Obermeister Schmutz, einer Eingebung folgend, zum Gefäß greift und ruft: »Übergießen wir ihn mal mit Wasser, aber rasch!«

*Höchste Aufmerksamkeit wendet Professor Pilzbarth der Ausbildung des Personals zu.
Hier üben Schüler mit Manipulierhauben die richtige Montage des Transmutors an weiblichen Kandidaten.*

Teevisite in der Kuranstalt: In größeren Abständen können sich die Familienangehörigen selbst von den Fortschritten der Morpholyse ihrer Kinder überzeugen. Hier ergötzt sich die stolze Familie an der ungebändigten Naturgewalt, über die Philipp in seiner jetzigen Durchgangsphase verfügt. Auch wenn sein Patenonkel Franz einiges abbekommen hat, wäre es grundfalsch, Philipp durch Schelte in seinem Wachstum zu entmutigen.

*Es ist Professor Pilzbarth ein großes Anliegen, der Öffentlichkeit Gelegenheit
zu geben, sich selbst ein Bild über die realen Veränderungen der Metamorphyten zu machen.
Hier ein Demonstrationszug. Sicher befriedigen die erreichten Ergebnisse noch nicht in jedem Fall.
Wenn man jedoch bedenkt, welche sensationellen Veränderungen bei diesen Exemplaren
bereits erzielt worden sind, kann man voller Zuversicht weitere Fortschritte erwarten.*

JÜRG WILLI,
Professor für Psychiatrie
und Psychotherapie, verfaßte
den Text.

MARGARETHA DUBACH,
Objektkünstlerin, gestaltete
die Collagen.
Sie leben in Zürich.
Das Buch ist im Spannungs-
feld ihrer schon mehr als
30 Jahre dauernden Ehe
entstanden.

1. Auflage, Herbst 1994

Alle Rechte vorbehalten
Copyright © 1994 by
Haffmans Verlag AG Zürich
Satz: Fosaco AG, Bichelsee
Filme: Tiroler Repro, Innsbruck
Herstellung: Löpfe Benz, Rorschach
Bindung: Benziger, Einsiedeln
ISBN 3 251 00264 3